AF259711

LE POST-SCRIPTUM,

ou

LA DERNIÈRE PAGE

DE MON LIVRE.

LE POST-SCRIPTUM,

OU

LA DERNIÈRE PAGE

DE MON LIVRE;

PAR UN VÉTÉRAN DE MARS ET D'APOLLON.

..... Liceat nunc dicere verum!

ANONYME.

PARIS. === AVRIL 1814.

LE POST-SCRIPTUM,

OU

LA DERNIÈRE PAGE DE MON LIVRE.

Je viens de parler d'une grande célébrité usurpée : je me trouve en texte et en haleine ; et puisqu'une *censure*, importune par ses formes lentes, m'a fait inutilement, depuis douze mois, attendre un *permis d'imprimer ;* puisque mes cahiers sont libres dans mes mains, j'y ajouterai quelques pages qui me sont dictées par les événemens heureux et inattendus du *31 mars 1814,* cette époque, qui contraste si glorieusement pour les princes alliés avec le *31 mai de 1793,* qui mit une grande nation sous la hache des bourreaux : puisqu'enfin l'aurore d'une liberté sage commence à luire sur ma patrie, je vais tirer de prison quelques vérités que la prudence ne m'eût point permises sous un aventurier, dont la tyrannie ne fut pas moins cruelle qu'avilissante.

A qui devons-nous ce second règne de terreur ? à ROUSSEAU. Ses enthousiastes vont frémir ; mais la vérité me soutient et m'enhardit.

Oui, nous devons à *Rousseau* la crise dont nous sortons; nous lui devons presque tous les malheurs qui ont accompagné nos temps révolutionnaires. Un seul mot de la présomption *oraculeuse de Rousseau* a soufflé sur nous les calamités; et voici cette ligne fatale : *J'ai quelque pressentiment qu'un jour la petite île de Corse étonnera le monde.*

Cette *prophétie* ne pouvait inspirer le courage au plus lâche des guerriers; mais elle a fait naître, dans un simple *artilleur,* l'ambition la plus audacieuse : l'audace sans bravoure marche entre l'orgueil et les crimes; la bravoure véritable est généreuse et capable de toutes les vertus. Le *légiste d'Arras* et le *soldat corse* ont également ignoré le courage; aussi leur domination fut marquée par les meurtres, soit qu'on sacrifiât notre jeunesse en des guerres insensées, soit qu'on traînât les citoyens à l'échafaud dans nos villes, soit qu'on les égorgeât dans le silence et l'obscurité des cachots.

La *Corse* n'a pas étonné l'*Europe,* depuis qu'un cerveau malade nous annonça ce phénomène politique; mais un *Corse* sans nom, sans mérite réel, sans connaissance du monde ni de l'histoire, sans génie, sans éloquence, en un mot, dénué de tout ce qui peut appeler et

fixer la fortune, se substitue à sa nation. Il dit :
ce n'est point la *Corse*, c'est un *Corse* qui doit
s'illustrer, et cet homme c'est moi. Le voilà
aussitôt qui mendie ou achète de toutes parts
des louanges. Ce n'est point assez : il dicte lui-
même les éloges qu'il veut trouver le lende-
main dans sa vénale gazette. On ne l'entend
plus désigner que sous la qualité de *héros*; mais
s'il commande nos armées, il n'obtient des victoires qu'en prodiguant les hommes; il fait couler plus de sang que n'en répandit *Attila*. Il
dissipe sans prévoyance nos trésors; il ne connaît
plus de lois que celles qu'il impose; et chaque
jour sur sa tête coupable il pose une nouvelle cou-
ronne. Il ne veut plus voir que des rois dans sa
famille; et plus il élève sa puissance, plus il de-
vient tyran. Il n'avait qu'une voie pour se faire
pardonner sa grandeur factice, c'était de se faire
aimer : il préfère d'être craint. Les haines enfin
s'accumulent sur lui, et la libération de la *France*
est due aux excès toujours croissans d'un prétendu héros, qui n'a pas même su s'ensevelir sous
les ruines de dix trônes usurpés. Il n'a montré
dans ses revers que la lâcheté d'un brigand qui
tremble à la vue de la *maréchaussée* qui le
poursuit; mais les maux qu'il a fait couler sur
cent nations, je le répète et l'affirme, nous les

devons originellement à ce philosophe *pro-nostiqueur*, qui nous a laissé le *Contrat Social*, germe funeste de tous les malheurs de l'*Europe* depuis vingt-cinq ans.

Le *héros corse* n'avait pas même les élé-mens d'une bonne politique ; il n'a pas senti que le peuple est la grande force des États ; il n'a pas su qu'en révolution surtout il faut s'ac-quérir le peuple ; il l'a méprisé, avili, enchaîné ; à peine lui laissait-il la subsistance. Tout était sacrifié à une prétendue *Légion d'honneur*, où de braves guerriers se trouvaient confondus, par le même signe *oculaire*, avec des pharma-ciens, avec des histrions, avec des répétiteurs de collége, avec des clercs d'huissier et autres personnages de cette importance, dont l'écla-tant mérite avait pourtant besoin qu'on l'affi-chât pour ne rester point ignoré de toute la terre. O démence d'un *capitan* coiffé de cou-ronnes ! il n'a pas su voir qu'à chaque croix dont il gratifiait un élu, il se créait cent enne-mis au lieu de s'assurer d'un seul partisan. Il fallait néanmoins que toutes ces boutonniè-res ponceaux, bleues, jaunes, vertes, fussent pensionnées, et quelques-unes l'étaient très-richement. Mais quel appui, quel secours ces *bourgeois décorés* auraient-ils su prêter à *leur maître?* En vain il leur eût fait un appel à tous, pas un n'eût osé sortir de sa chambre fermée à quatre verroux, et barricadée de tous les meubles du logis. C'était-là pourtant ce qu'on appelait *les chevaliers d'honneur!* Un Corse nous présentait cet insolent triage comme l'élite de la nation française. Homme de génie, homme moral et probe, réjouis-toi, *Mercier,* on ne lisait pas ton nom *honorable* sur le *catalogue d'honneur* dicté par *un Corse!*

On convient, parmi nos guerriers, que l'éphémère grand homme n'était point soldat; mais quelques-uns lui attribuent les talens du général. D'où vient donc qu'avec quelques bûches qu'il plante à nos barrières, quelques *chevaux de frise* posés sur les chemins, quelques *meurtrières* percées dans la muraille fiscale, il croit avoir mis *Paris* en sûreté? Sans doute que des milliers de badauds, et cette *tourbe classique,* aussi nombreuse que timide et ignorante, en auront dormi un peu plus tranquilles; mais les gens du métier n'ont senti que le dédain à une aussi puérile disposition de défense, car elle n'aurait pas tenu deux jours contre un seul régiment. Vingt sapeurs auraient eu bientôt abattu ces faibles palissades, le canon bientôt se serait ouvert cent passages dans le *rideau* qui nous *circuit*. Oh! quelle ignorance de l'art, ou plutôt quel mépris pour les habitans de cette Cité que le prétendu héros ne rougissait pas d'appeler *sa bonne ville* comme il nous appelait *ses sujets!* Dieu! Dieu! les Français sont-ils donc descendus jusqu'à se croire les *sujets d'un Corse?* Mais la nation presqu'entière était dans l'aveuglement et des étrangers partagèrent nos délires. Le creux *Lavater*, faisant le thême du nouveau grand homme, ne lisait dans ses traits que des perfections morales infinies. Un pédant me disait alors, et il l'aura dit à bien d'autres, *que le héros de* Bastia *ou de* Calvi *ne serait à sa place que lorsqu'il commanderait à toute l'Europe.* Un autre a dit publiquement au soldat corse : *Il n'a pas existé,* IL N'EXISTERA PAS *un mortel qui vous surpasse en grandeur, en talens, en vertus.* Le larmoyant Génevois, adroit emprunteur autant qu'habile agioteur, et même ce pâle héros d'outre-mer, que les gazettes enflaient dans l'éloignement, ont surpris tour à tour mes suffrages; mais le caractère sombre du *Corse* m'a toujours inspiré la défiance. Je ne crus jamais que ses triomphes pussent être durables; il avait à peine un pied sur les marches du trône que je l'en voyais déjà renversé, et que j'écrivais sur mes tablettes confidentielles ce pentamètre qui se vérifie aujourd'hui :

Primus Napoleon ultimus atque fuit.

Un écrivain fort célèbre avait eu à peu près la même pensée, et me communiqua ce distique après le couronnement du *Corse :*

Je n'écris que deux mots sur mon humble pancarte ;
Les voici : l'EMPEREUR A TUÉ BONAPARTE !

Les Anglais en pensèrent à *Londres* comme *Mercier* à *Paris*, ils regardèrent le *Corse* comme perdu dès qu'il eut pris le sceptre dans ses mains et attaché le diadème sur son front.

La journée du *8 brumaire an VIII*, tant louée dans nos journaux, n'étant à mes yeux qu'un présage de servitude et de crime ; la douleur, l'indignation me dictèrent ce quatrain qui a couru anonymement :

Pour jamais heureuse est la France,
Elle obtient d'un homme immortel
La république de *Cromwel*
Et la liberté de *Byzance !*

Mais comment avoir vu un grand homme dans le soldat corse ? Il a tenu la gloire dans sa main, et il a rejeté la gloire ; il pouvait étant *Consul* réformer un gouvernement vicieux ; il pouvait

rappeler les Français au repos et au bonheur,
il n'a voulu que les avilir, les subjuguer et les
mettre en exécration chez tous les peuples.
Voilà les degrés par où un soldat est monté sur
le trône ; il parlait souvent d'*idées libérales*,
et son âme était fermée aux premiers mouve-
mens de magnanimité; il ne savait mettre de
proportions ni dans les peines ni dans les ré-
compenses, et paya souvent mieux les basses
flatteries d'un poëte que les victoires d'un général. Il *jalousait*, et même haïssait ces derniers, surtout s'ils avaient une grande réputa-
tion d'habileté et de courage : *Desaix*, *Piche-
gru*, *Moreau*, *Lecourbe*, qu'il me suffise de
vous nommer !

Offenser le *grand homme* était toujours fa-
cile, mais non d'en obtenir grâce ; le plaisir
de pardonner, c'est une volupté qu'il ignorait;
et pourtant, dans une intempérance d'orgueil
qui lui était propre, il osait se comparer à
ce bon *Béarnois*, qu'on eût au moins re-
gardé comme le plus charmant des hommes
quand il n'eût pas été le meilleur des princes.
Il a commis des fautes, sans doute ; mais il
les rachetait par des vertus. Dirai-je aussi les
vertus du *Corse*? Assurément je ne les nierais
point si elles m'étaient connues ; mais j'ai épié

le Corse, je l'ai suivi dans sa conduite tortueuse, et voici de cet examen les derniers résultats. J'ai vu que le *grand homme* mettait plutôt de l'opiniâtreté que de la constance dans ses desseins; j'ai vu qu'il décidait à la volée et donnait toujours plus à la passion qu'à la raison. Il s'annonça d'abord comme l'ennemi du luxe, et puis il encouragea, il favorisa le luxe. Il faisait et défaisait continuellement parce qu'il était dominé par l'humeur. Son activité était quelquefois sans but, quelquefois elle le portait au-delà. Il n'avait reçu que l'éducation des colléges, et manquait de politesse ou de modération jusqu'à donner des coups de pied à ses ministres. Il affectait en dehors l'incrédulité religieuse, et dans le secret il pliait sous les superstitions comme une femme. Le *nombre treize* et le *vendredi* lui étaient des époques sinistres, et les événemens de 1813 ne serviront pas à le détromper. Sa vanité était extrême dans la source, mais petite dans l'application. Il n'avait pas seulement conservé toutes les misères de l'étiquette, il en avait multiplié autour de lui la gêne et la contrainte. Il n'y a peut-être pas eu de monarque en *Orient* plus difficile à aborder que ne l'était dans la *France* un soldat parvenu. Il fallait cependant ne s'occuper que de lui, ne voir que lui dans les hommes et dans les monumens. Nos *tambours* étaient comme habillés de la lettre initiale de son nom en *passement;* c'étaient des N partout. Enfin il s'était mis dans le *Catéchisme*, et ne permettait aux régens de l'Université d'autre texte que ses hauts faits et ses rares vertus. Les *Grecs* les plus célèbres, les plus illustres *Romains* pâlissaient devant un soldat corse. Où êtes-vous, M. *Prudhomme*, vous qui avez imprimé tant de *crimes* ? La vérité vous en présente une liste nouvelle : mettez vos faiseurs au travail ; et, s'ils ont besoin d'une *épigraphe*, voici un pentamètre imité d'un pentamètre ancien et qui pourra leur servir :

Corpore si parvus, crimine magnus erat.

Gloire pour jamais aux puissances qui sont venu nous délivrer d'un frénétique ! Gloire à leurs braves soldats ! Gloire à tous ceux qui ont coopéré à la grande œuvre de notre restauration ! Le peuple français était voué à la haine de l'*Europe;* le peuple français va reconquérir et l'amour et l'estime du monde. Mais qui a pu arrêter tout à coup le bras de nos ennemis, et qui les a rendus si magnanimes envers nous ? Ce n'est pas l'illustration de nos armes, c'est, après Dieu, la mémoire de nos grands écrivains. Les princes on dit : Respectons la patrie des *Buffon*, des *Voltaire*, des *Fénélon*, des *La Fontaine* et de ce *Pierre Corneille*, aussi étonnant par son caractère simple et modeste que par l'étendue de ses talens et de son génie.

On ne s'instruit bien que par l'expérience. Les *Grecs* m'avaient tourné la tête en faveur des *républiques*. J'ai vu bientôt que nous n'étions pas des *Grecs*, et je me suis souvenu qu'un *élève de Socrate* vantait la *monarchie tempérée*. C'est celle que nous annoncent les BOURBONS. Livrons toute notre confiance aux héritiers de *Louis XII*, aux descendans de *Henri IV*; ils sont Français; ils connaissent, ils aiment les Français; et nous nous étions donné pour maître un étranger qui, avant d'étudier le caractère national, aurait eu besoin de s'instruire dans la langue que *Pascal* et *Racine* ont parlée et qui est devenue presqu'universelle en *Europe!*

Nota. Ce *Post-Scriptum* s'écrivait le jeudi 7 avril 1814.

AVIS.

L'ouvrage qui a fourni cet extrait aura pour titre : JEANNE ROYEZ, ou LA BONNE MÈRE, PAR SON FILS.

Le même écrivain pourra donner ensuite : TRENTE-TROIS ANNÉES DE VOYAGE, PAR UN INCONNU. Ensemble 8 vol. ; et le tout dans le même format que cette feuille, les mêmes caractères et le même papier.

9 782011 753359